RECUEIL DE PIECES

EN FAVEUR DES

COMPAGNIES HOLLANDOISES

Pour le COMMERCE des

INDES ORIENTALES

ET

OCCIDENTALES;

Et contre les pretensions de la nouvelle

COMPAGNIE D'OSTENDE.

A ROTTERDAM
Chez T. JOHNSON, Libraire.
MDCCXXVIII.

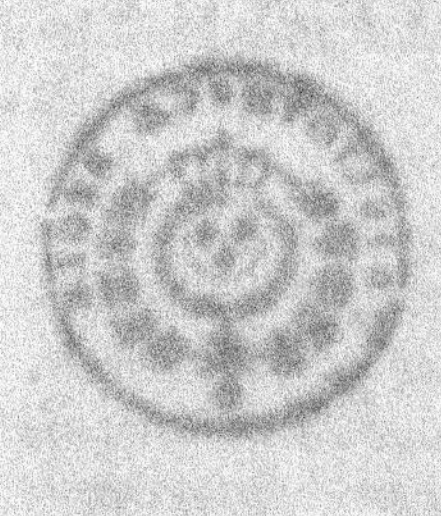

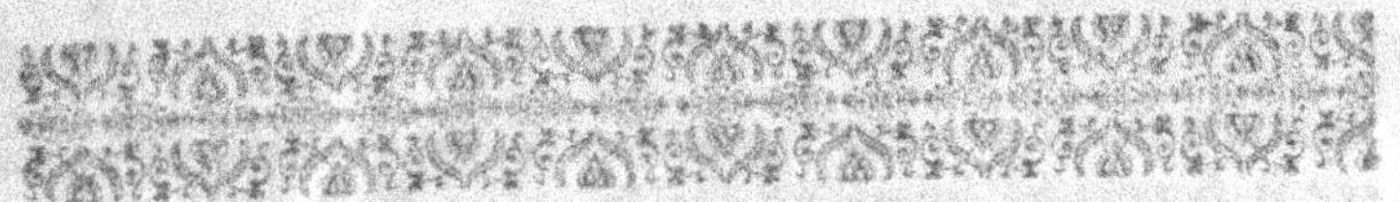

PREFACE.

L'Etablissement d'une Compagnie, dans les Païs-bas Autrichiens, pour le Commerce des Indes Orientales & Occidentales, aïant été un des principaux sujets de la mesintelligence survenue entre les Puissances de l'Europe, depuis quelques années, sera aussi sans doute un des plus considerables matieres de deliberation & de discussion dans le Congrez qu'on va faire pour la paix. C'est pourquoi on a trouvé à propos, pour mettre les personnes curieuses en état de juger de cette affaire importante, & de tout ce qu'on pourra faire là-dessus, de joindre ici dans un volume les plus considerables pieces qui ont été faites en faveur des Compagnies Hollandoises, & contre la Compagnie d'Ostende. On y trouvera non seulement le droit exclusif des premieres contre la derniere, établi sur les fondemens les plus solides, mais aussi toutes les raisons, toutes les objections, & même toutes les chicanes des Avocats de la Compagnie d'Ostende, refutées d'une manière à satisfaire entierement toute personne équitable & impartiale.

La première piece qu'on donne ici est l'excellente Dissertation de Monsieur Westerveen, digne Ministre de la Compagnie des Indes Orientales en Hollande, traduite en François par Monsieur Barbeyrac, Professeur en droit à

* 2

Gro-

Groningue. *Il fit cette traduction avant que de commencer à travailler lui-même sur la même matière.*

La seconde est une autre piece du même Mr. Westerveen, qu'il composa pour mieux éclaircir sa matiére, & pour refuter les raisons, & resoudre les objections d'un habile Avocat emploié par la Compagnie d'Ostende. Elle est accompagnée d'une traduction Angloise, faite pour l'Angleterre. Monsieur Barbeyrac *ne l'a point traduite, à cause qu'il travailloit alors sur le même sujet, & qu'il emploioit les mêmes argumens dans son traité. D'autres ont essaié de le faire, & y ont assez mal reüssi.*

La troisieme piece est l'Ouvrage de Monsieur Barbeyrac, *où l'on trouvera cette matiére traitée à fond, mais d'une maniére differente de celle de Monsieur Westerveen; avec des reponses très solides à toutes les raisons des partisans de la Compagnie d'Ostende.*

On ajoute à ces traités un Supplement, qui contient encore des pieces très-importantes sur cette matiére. La premiere est celle où le Roi d'Espagne s'est declaré si formellement & si fortement en faveur des Hollandois, & contre la nouvelle Compagnie des Païs-bas Autrichiens. Mais quelque tems après il se laissa engager dans des Traitez avec l'Empereur, qui allarmerent les autres Puissances de l'Europe, & en engagerent quelques-unes des principales à s'unir ensemble, par l'Alliance de Hanovre, pour se garantir des mauvais effets de cette Alliance de Vienne. Dans le Traité de Commerce fait alors à Vienne le Roi d'Espagne fit des concessions aux sujets de l'Empereur, & particulierement à la nouvelle Compagnie d'Ostende, qui étoient contraires, non seulement à sa prece-
dente

dente declaration, mais auſſi aux Traitez faits ci-devant entre l'Eſpagne & les Provinces-Unies, & fort prejudiciables au commerce de ces Provinces, comme on le pourra voir par les Memoires preſentés à L. H. P. par les deux Compagnies des Indes en Hollande, & par celui que Mr. Vander Meer, Ambaſſadeur de L. H. P. preſenta au Roi d'Eſpagne ſur ce ſujet. Ces trois Memoires ſe trouvent dans notre Suplement, & en font la 2me, 3me & 4me pieces.

Toutes les plaintes & remonſtrances des Etats Generaux à la Cour de Vienne, & à celle de Madrid, ſur le tort qu'on leur faiſoit, demeurant inutiles, ils ſongerent à s'unir avec les Alliez de Hanovre, & à prendre de concert les meſures neceſſaires pour remettre les affaires ſur le pied où elles avoient été ci-devant, conformément aux Traités anterieurs à celui de Vienne. C'eſt ce que l'Empereur & le Roi d'Eſpagne ſouhaittoient fort de detourner, & pour cet effet ils firent faire beaucoup de mouvemens par leurs Miniſtres à la Haie, & preſenter pluſieurs Memoires aux Etats, premierement pour les cajoler & amuſer, & enſuite pour les intimider par des menaces. Les reponſes de L. H. P. qu'on trouve dans ce Supplement pag. 16, 17 & 18. ſuffiront pour en donner une idée, & en même tems pour faire voir les ſentiments & les intentions des Etats Generaux au ſujet du Commerce des Indes.

Ce fut vers ce tems-là que le Miniſtre de l'Empereur fit imprimer, & diſtribuer à la Haye, un écrit qu'on lui avoit envoié de Vienne, pour juſtifier l'érection de la nouvelle Compagnie d'Oſtende. On avoit emploié pour cela Mr. Du Mont, qui avoit demeuré longtems à la Haie, & y avoit publié divers Ouvrages ſur des matieres de Po-

litique

litique & d'autres, & qui étoit revenu depuis quelques années à Vienne en qualité d'Historiographe de l'Empereur. Il fit de son mieux pour defendre l'érection de cette nouvelle Compagnie, dans sa piece intitulée; La verité du droit, du fait, & de l'interét, de tout ce qui concerne le Commerce des Indes, établi aux Païs-bas Autrichiens, par Octroi de Sa Majesté Imperiale & Catholique. On trouvoit generalement en Hollande, qu'il n'y avoit rien dans cette piece qui ne fût deja suffisamment refuté dans les écrits de Messieurs Westerveen & Barbeyrac; cependant un particulier y aiant fait une reponse, assez courte & solide, on l'a inserée ici, pag. 19. & suivantes.

L. H. P. aiant enfin resolu d'acceder au Traité de Hannovre, nous avons cru devoir raporter ici pag. 28. & 29. les Articles de ce Traité, & de l'accession de L. H. P. qui ont raport au Commerce des Indes. L'Empereur & le Roi d'Espagne aiant là-dessus pris des conseils plus pacifiques; ils ont consenti à former un Congrez pour ajuster tous les differens à l'amiable; & pour servir de fondement à cet accommodement, ils sont convenus, avec les Alliez de Hannovre, de quelques Articles Preliminaires: nous en raportons ici, page 30. ceux qui regardent notre sujet.

Enfin étant convenu de ne plus envaïer de Navires de la Compagnie d'Ostende aux Indes, mais d'en laisser revenir paisiblement ceux qui étoient deja partis, dont on fourniroit une Liste, nous avons ajouté ici la Liste de tous les Vaisseaux que cette Compagnie y avoit encore envoïés, en y marquant d'une * ceux qui dévoient encore revenir en Europe.

DISSERTATION

Où l'on prouve le Droit exclusif de la

COMPAGNIE ORIENTALE DES PROVINCES-UNIES,

au Commerce & à la Navigation des

INDES ORIENTALES:

Contre les Pretentions des Habitans des

PAIS-BAS ESPAGNOLS, ou AUTRICHIENS.

§. I.

Il n'est pas necessaire de s'arrêter ici à examiner, comment la *Mer*, & *l'usage de la Mer*, aussi bien que les autres choses communes par le Droit des Gens, sont susceptibles de proprieté, & peuvent ainsi dependre des Loix du Souverain. Cette question a été suffisamment agitée dans le Siécle precedent, entre SOLORZANUS, GROTIUS, SELDEN, PACIUS, MAULIUS, WELWOD, GRASWINKEL, & autres célébres Auteurs, que l'on n'a garde de vouloir copier. On peut d'autant plus s'en dispenser, que dans la dispute qu'il y a présentement entre les Habitans des PROVINCES-UNIES, & ceux des PAÏS-BAS AUTRICHIENS, il s'agit uniquement de savoir, *Si l'on ne peut pas, par un Accord, ou une Convention entre deux Princes qui y ont intérêt, faire un partage des Mers, ensorte que pour éviter les disputes, l'un navige dans un endroit & en jouisse pour son profit, l'autre dans un autre.* C'est en ce sens que (quoique d'ailleurs nous reconnoissons qu'aucune Puissance humaine ne peut guéres s'emparer des Mers ensorte que leur usage ne soit plus commun aux autres en aucune maniere) nous croyons néanmoins que JÉRÔME DEL MONTE a eu raison de dire: (1) *Il n'y a pas à la vérité des limites dans la Mer, puisque l'eau est généralement uniforme; mais il y a pourtant quelques appartenances.* Joignons-

y

A

(1) *Quanquam in Mari confines non sunt, quum aqua communiter est uniformis, sunt tamen pertinentia aliqua.* De Finib. regund. Cap. 29.

---

§.

Que, nonobstant la communauté de la Mer, les Princes peuvent faire entr'eux des Conventions, pour en regler l'usage. Preuves de cela, par le Droit, & par les Exemples.

y Balde, qui pose en fait, que, (2) *selon le Droit des Gens, on peut distinguer des Roiaumes dans la Mer, tout comme en Terre ferme.*

Il est incontestable, que les Princes peuvent faire entr'eux des Conventions, comme celles dont il s'agit. On en trouve des exemples fort anciens. Tel étoit le Traité de Paix, conclu entre *Artaxerxe*, Roi des *Perses*, & les *Athéniens*; (3) par lequel il fut stipulé, *Que ce Prince n'envoyeroit aucun Vaisseau de Guerre dans la Mer voisine de la Grèce, plus près que la distance d'une* (a) *course de cheval; & qu'il n'envoyeroit absolument aucun Vaisseau de Guerre dans l'espace qui est entre les* Iles Cyanées *& les* Iles Chélidoniennes. Pendant la Guerre du *Péloponnèse* (4) les *Lacédémoniens* s'engagèrent aussi par un Traité, eux & leurs Alliez, de n'aller sur Mer avec aucun Vaisseau de Guerre, qui fût du port de plus de (b) *vingt tonneaux.* Il fut convenu entre les *Romains* & les *Lacédémoniens*, environ la LXVIII. *Olympiade*, (5) *Que les* Romains, *ni leurs Alliez, ne seroient point voile au delà du Cap-beau, à moins qu'ils n'y fussent jettez par la tempête, ou contraints de passer ces bornes par la nécessité de fuir un Ennemi supérieur en forces.* On a souvent allégué sur ce sujet, les paroles suivantes de (6) St. Ambroise: *Les Hommes s'aproprient certains espaces de Mer, & ils parlent du droit qu'ils prétendent avoir sur les Poissons, comme de celui qu'ils ont sur les Esclaves nez dans leur maison, & qui par là sont soûmis à leur empire. Ce Golfe est à moi,* dit-on, *celui-là est à un autre. Les Grands font entr'eux le partage des Elémens.* Il y a un grand nombre de passages semblables de l'Antiquité, que le docte Selden a ramassez dans son (c) Traité *de la Domination de la Mer.* Mais il n'est pas besoin de remonter si haut, pour l'éclaircissement de nôtre question: Car ce siécle, & le précedent, nous fournissent assez d'exemples. Le dernier, qui n'est pas des moins remarquables, c'est celui du Traité entre le très-puissant Prince, Philippe V. Roi d'*Espagne*, & Leurs Hautes Puissances les Etats Généraux des Provinces-Unies, conclu à *Utrecht* le 26. de *Juin* de l'année M. DCC. XIV. car voici ce que portent les Articles 35. & 36 de ce Traité: *Il est défendu à tous les Peuples d'*Europe, *à la réserve des* Espagnols, *& cela comme d'un commun consentement, d'aller négocier dans les* Indes Occidentales. Cette défense est fondée sur de très-bonnes raisons, comme il paroît

(2) *Jure Gentium in Mari regna distingui possunt, sicut in terrâ aridâ.* Ad L. 1. D *De rerum divis.*

(3) On trouve ce Traité dans Plutarque, in Vit. Cimon. *pag.* 486, 487. *Ed. Wechel,* qui l'a rapporté après d'autres Anciens Auteurs.

(4) Voiez là dessus Thucydide, Lib. IV. Cap. 118. *Ed. Oxon.*

(5) Ce Traité est rapporté par Polybe, Hist. Lib. III. Cap. 22.

(6) *Spatia maris sibi vindicant* [Homines] *jure mancipi, Pisciumque jura sicut Vernaculorum, conditione sibi servitû subjecta commemorant. Iste, inquit, sinus Maris meus est, ille alterius. Dividunt elementa sibi Potentes,* Hexaem. *Lib. V. Cap.* 10. Ce Pere, à la vérité, blâme, en stile de Prédicateur les choses dont il parle ici, mais cela même prouve l'usage de son tems, ce qui suffit pour la question.

roit par les belles reflexions que fait là-deſſus SOLORZANUS (1). *Car*, dit-il, *il faut conſiderer, qu'on ne ſauroit conſerver la Paix entre les Princes Chrétiens, s'ils recherchoient tous indifféremment la même choſe, quelque pieux, quelque peu avides de richeſſes qu'ils fuſſent: comme il paroît par l'exemple même des Caſtillans & des Portugais, qui, tout bons Catholiques qu'ils étoient, & unis enſemble par des liens très étroits d'amitié & d'alliance, en ſont venus à des haines & des Guerres entre eux, parce que chacun d'eux ſe plaignoit que l'autre avoit empieté ſur ſes limites.*

§ I I.

IL y avoit déja eu un autre Traité de même nature, fait à *Munſter en Weſtphalia*, l'année M. DC. XLVIII. entre le glorieux Prédéceſſeur de Sa Majeſté Catholique, PHILIPPE IV. & Leurs Hautes Puiſſances les *Etats Généraux des* PROVINCES-UNIES. En voici les Articles V. & VI.

II.
Teneur des Articles V. & VI. du Traité de Paix de Munſter.

Que la Navigation & le Commerce dans les Indes Orientales *&* Occidentales *ſubſiſteront & ſeront maintenus conformément & ſelon les Octrois accordez, ou à accorder, pour cet effet; à la confirmation dequoi ſervira le préſent Traité, & la Ratification qu'on en produira de part & d'autre. Dans lequel Traité ſeront compris tous les Princes, Peuples & Nations, avec qui les ſuſdits Seigneurs, les Etats Généraux, ou les Compagnies privilégiées des* Indes Orientales *&* Occidentales, *agiſſant en leur nom, & dans les limites marquées dans leurs Priviléges, vivent en paix & amitié, pour leur défenſe & leur utilité mutuelle.*

Les deux Parties, ſavoir le ſuſdit Seigneur Roi, & les Seigneurs Etats Généraux retiendront toutes leurs Seigneuries, Villes, Châteaux, Forts, Terres, & Négoces, dans les Indes Orientales *&* Occidentales, *dans la Côte de* Breſil, *& dans les Contrées d'*Aſie, *d'*Afrique, *& d'*Amérique, *de la même manière qu'ils les poſſedent & qu'ils en jouïſſent au tems du préſent Traité.*

Et ſont cedez aux Provinces-Unies *tous les lieux que les Portugais ont pris ſur Elles depuis l'année M. DC. XLI. & tous ceux dont Elles pourront déſormais s'emparer & ſe mettre en poſſeſſion, ſans préjudice du préſent Traité &c. Etant de plus ſtipulé & convenu, que les Eſpagnols continueront leur navigation dans les* Indes Orientales, *de la même manière qu'ils la tiennent, & qu'ils l'exercent au tems du préſent Traité, ſans qu'il leur ſoit permis de s'étendre plus loin dans l'Orient.*

Comme, d'autre côté, il eſt défendu aux Habitans des Provinces-Unies, *d'al-*

ler

(1) *Conſiderari enim debet, quod pax inter Principes Chriſtianos conſervari non poteſt, ſi promiſcuè in eandem curam intenderent omnes; quantumvis pio animo, & ab omni divitiarum cupiditate libero ducerentur, ut conſtare poteſt ex ipſo* Caſtellanorum & Luſitanorum *exemplo, qui, quamvis ita Catholici eſſent, & maximis amicitiæ & neceſſitudinis vinculis juncti, inteſtinis tamen odiis & bellis flagrare cœperunt, ek id quod alter alterum ſuos intraſſe terminos querebatur. De Jure Indiar. Lib. II. Cap. 25. num. 47. & ſeqq.*

ler négocier dans les Païs que les Castillans ont aux Indes Orientales.

Pour ce qui est des Indes Occidentales, il est aussi défendu aux Sujets & Habitans des Raiaumes, Provinces, & Terres, du susdit Seigneur Roi, & des Seigneurs Etats Généraux, respectivement, de naviger & de commercer dans tous les Lieux, Places, Ports, Châteaux, ou Forts, occupez par l'une ou l'autre Partie, ou dans lesquels ils ont des Loges ou des Maisons d'entrepôt, établies pour le Négoce &c.

§ I I I.

III.
Qu'il ne faut plus disputer sur les Conventions d'un Prince, quand le sens a été fixé par l'usage & la pratique d'un grand nombre d'années.

IL SEROIT également inutile & injuste, d'exiger aujourd'hui qu'on s'attachât à faire voir le sens precis de ces Articles, ou la signification des termes dans lesquels ils furent autrefois conçus. Le tems, & la pratique d'un grand nombre d'années, ont suffisamment expliqué tout cela; & il est contre les Regles du Droit, de disputer sur ce dont un usage constant a fixé l'interpretation d'une manière à ne laisser aucun doute. C'est ce que soûtient SOLORZANUS, après l'ABBÉ *de Palerme*, RODERIC SUAREZ, & bon nombre d'autres Docteurs, *qui*, dit-il, (1), *tiennent tous, qu'une Loi, quelque ambiguë qu'elle soit, est expliquée par la Coûtume, ensorte qu'on ne doit point s'éloigner de ce qu'une telle Coûtume a autorisé.* Il ajoûte, un peu plus bas, (2) *qu'une opinion généralement reçuë, depuis long-tems, & fondée sur des raisons convenables, est regardée comme la Vérité.* Or rien ne paroît fondé sur des raisons plus convenables, *que ce qu'un* (3) *Prince a fait, avec le Conseil des Grands & des Sages de son Roiaume : car alors on présume que tout a été fait légitimement & pour de justes causes; ensorte que rien ne peut être depuis contesté, ou revoqué en doute; de telles délibérations, décisions, & perquisitions, fournissant une exception de Cause jugée & Arrêt rendu :* ce sont les paroles du même Auteur.

§ IV.

(1) *Qui omnes statuunt, Legm, quantumvis dubiam, à Consuetudine ita interpretari, ut à tali Consuetudine non sit recedendum.* Lib. III. De Jure Indiar. Cap. II. num. 45.

(2) *Opinio quippe generalis, ab antiquo derivata, & convenientibus rationibus suffulta, habetur pro veritate.*

( ) *Id quod Princeps, de consilio suorum Procerum ac Sapientum fecit : tunc enim omnia legitime acta praesumuntur, & cum justâ causâ, ita ut postea impugnari, vel in dubium revocari non possint, obstante nimirum exceptione sententiae, & rei judicatae, quae ex ejusmodi consultationibus, assertionibus, & diligentiis, oritur.* Id. Solorz. Cap. II. n. 41.

§ IV.

Il y a plus de six-vingts ans, que la Compagnie des *Indes Orientales*, établie dans les *Provinces-Unies*, est en possession de la Navigation & du Commerce de ces *Indes*, en vertu des Priviléges, que le Roi d'*Espagne* lui laissa prémiérement avec quelque peine, par la Tréve de l'année M. DC. IX. mais qu'ensuite il confirma pleinement, après d'assez longues & mûres délibérations, par un Traité de Paix solennel, conclu en M. DC. XLVIII. où il s'engagea de les maintenir & proteger dans la jouïssance de ces Priviléges. La dite Compagnie a continué depuis à negocier dans les bornes qui lui étoient prescrites, & qui furent confirmées par le Traité de Paix, sans aucune opposition ou trouble considérable de la part de l'*Espagne*, moins encore du *Brabant*, ou de la *Flandre*, à qui la Navigation & le Commerce des *Indes Orientales* étoient interdits comme à tous les Etrangers, hors les seuls *Espagnols*, non seulement par les Constitutions des *Papes*, mais encore par les Loix de leurs Rois & de leurs Princes. SOLORZANUS, qui le témoigne, (1) dit, que, par *Etrangers*, il faut entendre ici tous les Sujets, qui n'ont pas une permission speciale du Roi, d'aller dans les Païs des *Indes*, & d'y négocier : tels qu'étoient ceux d'*Aragon*, ceux des *Païs-Bas*, & autres : comme tout ceci est expliqué plus en detail, par (2) JUAN EVIA DE BOLANO, Jurisconsulte Espagnol; & comme il paroit aussi par les *Réponses des Ambassadeurs du Roi d'Espagne*, qui se trouvent rapportées dans (3) AITZEMA.

IV.
La Compagnie des *Indes Orientales des Provinces Unies* a négocié, dans l'etendüe de ses limites, pendant un tres-long tems, sans aucune opposition de la part des *Espagnols*, ou des Habitans des *Païs-bas Espagnols*.

§ V.

Outre cela, nous trouvons ce commerce expressément defendu aux Habitans des *Païs-Bas*, dans l'Acte de Cession, par lequel le Roi d'*Espagne*, alors Prince des *Païs-Bas*, céda & remit ces Provinces aux Sérénissimes Archiduc & Archiduchesse, *Albert & Isabelle*. Voici ce que porte l'Article 8. *L'Archiduc & Archiduchesse ne pourront jamais, ni eux, ni leurs Successeurs, ou Sujets, exercer la Navigation & le Commerce dans les Indes Orientales, sous peine d'être privez & destituez de ces Provinces : & si quelques-uns de leurs Sujets contreviennent à ceci, ils en seront punis rigoureusement.*

Les *Païs-bas Espagnols*, ont continué sous les mêmes restrictions par la Tréve de l'année M. DC. IX. *Article 4.* Ensuite par le Traité de Paix de *Münster*, où Leurs Hautes Puissances les *Etats Généraux* stipulérent, pour les *Provinces Unies*, *Que le Roi d'Espagne*, qui étoit alors Prince des *Païs-bas*, ne s'étendroit pas plus loin dans les Indes Orientales. Enfin la même confirmation se trouve dans le dernier Traité, connu sous le nom de *Traité de Barriére*, & conclu à *Anvers* en M. DCC. XV. dans le premier Article duquel il a été convenu entre Sa Majesté Impériale CHARLES VI. Sa Majesté Britannique, & Leurs Hautes

V.
Tout Commerce dans les *Indes Orientales & Occidentales* a été de tout tems defendu aux Habitans des *Païs-bas Espagnols*.

A 3

(1) Lib. II. Cap. XXIV. n. 16. 24. 29 & seqq. & Cap. XXV. n. 71. & 79.
(2) Curiæ Philippica de Commercio Terrestri. Lib. I. Cap. I. n. 36.
(3) Sur l'année 1664. p. 290 de l'Edit. in 4. & p. 133. in folio.

tes Puissances les Etats Généraux des *Provinces Unies*, Que les Provinces des *Païs-bas* seroient remises au susdit Empereur, comme Roi Catholique, & Héritier & Successeur de *Charles II.* Roi d'*Espagne*, de glorieuse mémoire, à la charge & condition, *que Sa Majesté Impériale possederoit ces Provinces, & en jouïroit de la même manière que le dernier Roi défunt les avoit possedées & en avoit jouï, ou devoit les posseder & en jouïr, selon le dernier Traité de* Ryswic.

§ VI.

VI.
Le dernier Roi d'Espagne a possedé les Païs-bas Espagnols, sans qu'ils eussent la Navigation & le Commerce dans les Indes Orientales, ou Occidentales.

Or que tous les Prédécesseurs de Sa Majesté Impériale, & le dernier Roi d'*Espagne*, aient possedé lesdites Provinces, & en aient jouï, sans qu'elles eussent la Navigation & le Commerce dans les *Indes Orientales*, ou *Occidentales*, avant & après le Traité de *Munster*, c'est ce qui n'a pas besoin de preuve. La chose est connuë, pour ce qui regarde nôtre tems. Et à l'égard des tems plus anciens, on peut consulter Emanuel de Meteren, sur * l'année M. DC. où il raconte, que quelques Marchands d'*Anvers* aiant tenté au commencement du dernier Siécle, d'avoir part au negoce des *Indes Orientales*, le Roi en fut si faché, qu'après diverses menaces très-fortes, ces Marchands furent condamnez à une amende de six cent mille Ducats.

Il arriva depuis quelque chose de semblable dans les *Indes Orientales*, par rapport à nos limites, & au maintien du cinquiéme Article de la Paix de *Munster*; comme il paroît par les Actes du *Haut Conseil des Indes* appartenantes aux *Provinces-Unies*. Un Sujet d'*Espagne*, *Brabançon* de Nation, ou peut-être de la Province de *Flandre*, nommé *Bastien Brouwer*, aiant obtenu permission du Roi d'*Espagne* d'aller aux Côtes de la *Chine*, où il faisoit un commerce très-lucratif, & cela étant venu à la connoissance dudit Conseil, ce Conseil y pourvut d'abord, par la Resolution suivante, du 24. Avril, M. DC. LIII.

Extrait des Actes du Gouverneur & des Conseillers des INDES ORIENTALES, *assemblez à* Batavia, *le* 24. *d'Avril* M. DC. LIII.

D'autant que, par l'Article V. du Traité de Paix avec le Roi d'Espagne, il a été expressément convenu & stipulé, Que les Sujets dudit Roi retiendront leur Navigation dans les Indes Orientales, *de la même manière qu'ils l'exerçoient alors, & qu'ils ne pourront s'étendre plus loin; & comme Nous avons apris par des avis de nos gens de* Tonquin, *qu'un Sujet du Roi d'*Espagne, *nommé* Bastien Brouwer, *avec Commission d'Espagne, fait tous les ans de fréquens voïages entre* Tonquin, Quinam, *&* Combodia, *dans lesquels endroits les Espagnols n'avoient aucune navigation alors, & où ce Négociant fait maintenant*

des

* Fol. 458. de l'Original Flamand. 487 de la Traduct. Françoise.

des profits considérables, au grand préjudice de nôtre Commerce : Le tout bien considéré, il a été résolu par le Conseil, de défendre au dit Bastien Brouwer une telle Navigation, en vertu de l'Article sus mentionné, & pour cet effet d'ordonner & donner pouvoir à ceux de nos Vaisseaux qui tirent de ce côté-là, de le prendre, s'ils le trouvent sur Mer allant ou revenant, & de le mener à Tayoan, ou ici, selon qu'ils pourront plus commodément ; sans néanmoins faire autrement du mal à lui, ou à son Vaisseau, ou à ses efets, ou user de violence, qu'autant qu'il sera nécessaire pour le garder : Mais s'il se défend, & qu'il donne le prémier occasion d'en venir aux mains, il leur sera permis, pour maintenir nôtre droit, d'user de force pour le contraindre.

Extrait fidélement des Regîtres du Gouverneur & des Conseillers de *Batavia*, que l'on garde à *Amsterdam*. En foi dequoi me suis signé

A. WESTERVEEN, Conseiller & Secretaire de la Compagnie des *Indes Orientales*.

Cette Résolution produisit son effet. Car non seulement le dit *Brouwer*, mais encore tous les autres Sujets du Roi d'*Espagne*, s'abstinrent depuis d'aller negocier dans les endroits défendus. Le Roi d'*Espagne* n'en témoigna aucun déplaisir, & aucun de ses Sujets ne fit de nouvelle tentative.

§ VII.

Voila' donc, de la part des *Provinces Unies*, une preuve incontestable de possession, & de possession fondée non seulement sur une juste cause, mais encore continuée pendant un très-long espace de tems: du côté, au contraire, des *Pais-bas Espagnols*, une pleine connoissance de cette possession, & un aquiescement constant à ne pas la troubler; le tout avec le consentement des Etats du Païs, & quelquefois même confirmé par des actes solennels.

Car, pour ne pas remonter plus haut, & laissant à part les Ordonnances, dont nous avons déja fait mention, des *Papes*, & des Rois d'*Espagne*, par lesquelles l'entrée des *Indes* étoit interdite à tous les Etrangers hors les *Espagnols*, sur peine d'Excommunication, & autres punitions encore plus rigoureuses : Examinons seulement ce qui arriva, lors que l'on déclara, de la part du Prince, les défenses qu'on avoit résolu de faire d'une telle Navigation & d'un tel Commerce, nommément aux Habitans des *Païs-bas Espagnols*. Car l'Acte de Cession, par lequel on remettoit les *Païs-bas* aux Sérénissimes Archiduc & Archiduchesse, portoit en termes exprès, *Que les Sujets de ces Provinces ne pourroient jamais exercer aucun Commerce dans les* Indes Orientales *ou* Occidentales : Cependant

Les Habitans des Païs-Bas Espagnols n'ont pas refusé de se soumettre aux Loix & Traitez qui défendent le Commerce des Indes.

pendant aucun des Etats ne s'y oppoſa, aucun ne fit de proteſtation : mais ils ſe ſoûmirent tous, le ſachant & le voyant, à cette Loi, qu'ils appellent maintenant ſi dure. Ils ne refuſérent pas non plus de prêter ſerment de fidélité, par rapport à ſon obſervation en particulier; comme on peut l'inférer de ce que remarque DE METEREN (a) où l'on voit rapportez divers griefs que les Seigneurs des *Païs-bas* expoſérent contre la *Joïeuſe entrée* des Archiduc & Archiducheſſe, c'eſt-à-dire, contre les conditions de la reception de ces nouveaux Maîtres : mais il n'y a pas un mot ſur ce qui regarde la défenſe du Commerce dans les *Indes*. Perſonne n'a proteſté depuis, lorſque le Roi d'*Eſpagne* conclut le Traité de Paix de *Munſter* avec les *Provinces-Unies*. Il n'y a point eu enfin de proteſtation, lorſque Sa Majeſté Impériale, en vertu du dernier Traité tout récent, a été remiſe en poſſeſſion des mêmes Provinces, ſur le même pié & de la même maniere que le dernier Roi d'*Eſpagne* les avoit poſſedées ou devoit les poſſeder.

§ VIII.

VIII.
Qu'une longue
Poſſeſſion, au vû
& au ſû des Par-
ticuliers, même
ſans titre, pour les
débouter de leurs
prétenſions.

QUAND même on ne pourroit alléguer d'autre fondement de nôtre droit, quand la Compagnie privilégiée des *Indes Orientales* n'auroit aucun titre légitime d'acquiſition, quand le titre ſeroit auſſi douteux qu'il eſt inconteſtable, auſſi imaginaire qu'il eſt réel, ce que nous venons d'établir ſuffiroit, à mon avis, non ſeulement pour la maintenir dans ſon ancienne poſſeſſion, mais encore pour débouter quiconque veut la troubler. Nous pouvons le prouver, dans le cas même dont il s'agit, par l'autorité de SOLORZANUS. (1) *Car*, pour me ſervir des propres termes de cet Auteur, *ſi la Preſcription, de Particulier à Particulier, a été introduite pour empêcher ou diminuer les Procès entr'eux, on doit l'étendre, à beaucoup plus forte raiſon, aux affaires des Princes; puis que tout le droit qu'ils ont ſur leurs Etats n'a le plus ſouvent d'autre fondement, que la longueur & l'ancienneté de la poſſeſſion.....Vouloir, par une nouveauté téméraire, détruire la force & l'effet de cette Preſcription, (2) c'eſt une doctrine qui ne va pas à moins, qu'à jetter des ſemences de Guerre, capables de mettre tout le monde en combuſtion.*

§ IX.

(a) Lib. XXII. au commencement, fol. 442. *verſo* (468. *verſ.* de la Traduct. Franç.)

(1) *Nam ſi ratio excuſandarum vel minuendarum litium inter Privatos Præſcriptionem induxit, longè fortius Principum cauſas eamdem porrigere convenit: quum omnes ipſorum ditiones hæc ſola, ut plurimum, antiquitatis tuitione ſubſiſtant. . . . Cujus vim & effectum, ſi quis temeraria doctrina novitate convellat, nihil aliud, quàm bellorum ſemina, quibus totus mundus ardeat, in orbem injiciet.* Lib. III. Cap. III. num. 21. Voyez auſſi Lib. III. Cap. I. *num.* 8, *& ſeqq.* Cap. II. n. 40, *& ſeqq.* Cap. III n. 74.

(2) On peut voir ce que vient de dire tout fraichement, ſur cette matiére, l'Auteur Italien de la *Diſſertation Hiſtorique ſur les Duchez de* PARME *& de* PLAISANCE &c. I. Part. pag. 48, *& ſuiv.* de la Traduction Françoiſe, qui a paru en 1722. a *Cologne*, comme porte le titre, mais imprimée à Amſterdam.

§ IX.

CEPENDANT, pour ne rien omettre, examinons présentement la qualité du titre par lequel la Compagnie des *Indes Orientales*, autorisée par L. H. P. les *Etats Généraux des Provinces Unies*, a acquis, dans cette partie des *Indes*, des Villes, des Châteaux, des Forts, avec leurs dépendances, & a obtenu le droit de négocier dans une certaine étenduë de Païs, à l'exclusion de tous les Sujets du Roi d'*Espagne*. Le principal titre de cette acquisition est un *Droit de Conquête*, lequel a été ensuite confirmé par un Traité de Paix solemnel. Il suffit d'alleguer ici cela d'avance en un mot : prémiérement, pour faire voir que la question dont il s'agit est bien différente de ce que HUGUES GROTIUS, & autres Défenseurs de la liberté de la Mer, ont autrefois soutenu, contre SOLORZANUS, & ses adhérens. Car il n'y a jamais eu de dispute entr'eux, pour savoir, si les Mers, quoique libres, ne peuvent pas être occupées, ou partagées, par un accord entre deux Princes, de manière qu'en vertu des conventions, chacun doive se tenir dans ses limites, & ne point empieter sur celles de l'autre. Mais la question rouloit sur ceci principalement, Si un Prince peut s'approprier, ou aquérir par prescription, l'usage de la Mer, en sorte qu'il ait droit desormais d'en exclurre & empêcher un autre, qui n'en fait rien, & qui n'y a point consenti. 2°. Il est bon d'avoir fait mention ici du titre d'acquisition dont je viens de parler, pour bien distinguer, comme il le faut, entre les *tems de Paix*, & les *tems de Guerre*. Car les Habitans des *Païs bas Autrichiens* veulent avoir la permission de faire en tems de Paix, ce que les *Provinces-Unies* n'ont fait qu'au milieu de la Guerre, mais qui a été ensuite confirmé par un Traité de Paix. Ils prétendent, que ces sortes de Questions doivent être decidées par le Droit des Gens primitif, selon lequel tout étoit presque commun : au lieu que, comme cela est connu des Savans & des Ignorans, selon le Droit qui a lieu aujourdhui, & qui s'observe également chez toutes les Nations, un grand nombre de choses ont été distinguées & divisées, qui ne l'étoient point dans les tems anciens : bien des questions auparavant indécises, & qui avoient souvent donné occasion à de grands Procès & à des Guerres sanglantes, ont été décidées depuis par des Traitez & des Conventions. Ainsi sous pretexte d'aller négocier dans des lieux qui sont comme neutres & indépendans, & par conséquent qui peuvent admettre toutes les autres Nations pour cet effet, nos Parties croient qu'il leur est permis d'entrer dans les Païs de nôtre district, d'y naviger, d'y commercer, d'y bâtir des Forts, des Châteaux, des Villes, d'y établir des Entrepôts pour leur Négoce, de les aquérir par argent ou par les armes, & de faire plusieurs autres choses qui peuvent frustrer nôtre Compagnie du profit auquel elle a lieu de s'attendre : Et cependant il paroît clairement, par ce qui arriva à l'expiration de la Treve, que le Roi d'*Espagne* eut regret d'avoir consenti au libre Commerce & Navigation des habitans des *Provinces-Unies* en tous lieux tant dedans que dehors les limites de l'Europe [1], excepté ceux qui étoient possedés par les Espagnols aux In-

B

des

---

(1) Voïez le Traité de Treve Art. IV. & plus particulierement l'Art. separé à la fin de ce Traité, dans le grand Recueil de Traitez Tom. III. p. 46. ou dans les Negociat. de Jeannin, qui en étoit le Mediateur.

des; & que ce Prince recommença la Guerre principalement à cause que les *Provinces Unies* * envoioient des Vaisseaux aux *Indes Orientales*, quoiqu'elles s'abstinssent des païs appartenans à la *Castille*, & qu'elles ne fussent point obligées d'ailleurs par aucun Traité ou aucun accord à ne pas faire voile en certains endroits de la Mer.

De dire maintenant, comment la Compagnie des *Provinces-Unies* a acquis chaque Ville en particulier, chaque Château, chaque Fort, & autres lieux, tantôt par achat, tantôt par des Conventions, tantôt par les armes, en partie des *Portugais*, en partie des Roitelets des *Indes*, en partie des *Espagnols* mêmes, c'est ce qu'il seroit trop long de rapporter en détail, & qui aussi est fort inutile: Car, s'il convient aujourd'hui de mettre en question, après un si long espace de tems, ce que l'Usage même & la Coûtume ont décidé & expliqué clairement; ce qui conviendra le mieux sera d'examiner avec soin, ce qui a été stipulé entre le Roi d'*Espagne* & les *Provinces-Unies*, dans les Articles 5. & 6. de la Paix de *Munster*, & cela tant à l'égard des *choses* sur quoi ils traiterent, que des *Personnes* comprises dans la convention.

§ X.

X.
Explication des
Articles V. & VI.
de la Paix de
Munster. Par
rapport aux Cho-
ses sur quoi on
traitent.

POUR ce qui est des *choses*, l'objet principal de la convention, selon l'Article cinquième, c'est la division des *Indes Orientales* en deux parties, dont l'*Occidentale*, commençant aux *Iles Philippines*, ‡ communément appellées *de Manilhas*, doit demeurer aux *Espagnols*; & la partie *Orientale*, commençant aux *Molucques*, rester toute entière à la Compagnie des *Provinces-Unies*.

Que les *Espagnols* seroient obligés en faisant leur Navigation aux *Indes Orientales*, de suivre la même route, qu'ils tenoient au tems du Traité dont il s'agit: Et qu'il ne leur seroit pas permis de pousser plus loin vers le *Couchant*, ou *de s'étendre plus loin*, comme portent les termes de la Convention.

Ce partage est, à peu près, comme celui que fit le Pape ALEXANDRE VI. en l'année M. CCCC. XCIII. au rapport de † SOLORZANUS. Y aiant dispute alors entre les *Espagnols* & les *Portugais*, touchant les limites de leur Navigation & de leur Commerce, & les deux Parties aiant pris ce Pape pour arbitre, après avoir examiné les prétensions & les raisons des deux Parties, il coupa comme par le milieu le Globe de la Terre, par une Ligne ou un Méridien *tiré du Pole Arctique au Pole Antarctique*, environ le 341. degré de Longitude, ou, ce qui revient à la même chose, à trois cent quarante lieues, ou à peu près du *Cap verd*, enforte

qu'il

---

* Voiez *Solorzan*. Lib. II. Cap. 25. num. 83.

‡ On appelle ici *Occidentale* cette partie des grandes Indes qui est la plus orientale à notre égard, à cause qu'on y va par l'Occident, & qu'on les trouve à l'occident de l'Amérique, suivant la route que les Espagnols sont obligés de tenir: Et on appelle la partie *orientale* celle qui est située à l'occident des Philippines, parce qu'on y va par le Cap de bonne espérance en faisant route vers l'orient.

† Lib. I. Cap. 6. num. 68. & seqq.

qu'il adjugea aux *Portugais* la partie Orientale, à cause de l'ancienneté de leur droit, & aux *Espagnols*, la partie Occidentale. Et pour empêcher que l'un n'empiétât pas sur les limites de l'autre, il ordonna, que les *Portugais* prendroient leur route par l'*Orient*, les *Espagnols*, au contraire, par l'*Occident*: défendant aussi aux *Espagnols* d'entrer dans le chemin que les *Portugais* avoient ouvert, c'est-à-dire, de faire voile au delà du Cap de *Giraoue*, nommé aujourd'hui *Cap de bonne espérance*. Ce partage fut cause, ainsi que le rapporte le même Auteur, que *Magellan*, & d'autres après lui, cherchérent avec tant d'empressement quelque chemin par où ils pussent aller par Mer aux *Iles Molucques*, hors des limites assignées aux *Portugais*; & cela donna lieu aussi à de nouveaux démêlez au sujet des dites Iles, chacun des deux Rois prétendant qu'elles fussent comprises dans la partie qui lui étoit échuë, & alléguant pour cet effet diverses raisons, aussi bien que différentes maniéres de calculer le Méridien fixé par le Pape. La dispute finit enfin par une convention, selon laquelle le Roi de *Castille* hipotheca ces Iles aux *Portugais*, pour une somme de trois cent cinquante mille Ducats. (*a*)

Les *Portugais* furent ainsi en possession des *Iles Molucques*, mais non pas sans interruption. Le sort des Armes les fit passer alternativement des uns aux autres. Tantôt les *Espagnols* les recouvroient, tantôt les *Portugais*, tantôt enfin les *Provinces-Unies*, qui, en vertu des Traitez de Paix conclus avec les *Portugais* & les *Espagnols*, sont encore aujourd'hui maîtres de ces Iles, comme leur appartenant en propre.

Il y eut rarement contestation au sujet des *Iles Philippines*, qui ont presque toûjours (*b*) été mises au nombre des Païs de la domination d'*Espagne*.

§ XI.

APRES ces courtes observations, il sera plus facile d'entendre le sens des termes de l'Article cinquiéme, qui porte, comme nous l'avons vû, *Que les Espagnols continueroient librement leur Navigation aux* Indes Orientales, *de la même maniere qu'ils l'exerçoient au tems du Traité*, c'est-à-dire, par le *Détroit de Magellan*, ou par delà du Cap d'*Hoorn*, aux *Iles Philippines*: car, selon la Sentence arbitrale du Pape, dont nous avons parlé ci-dessus, il leur étoit défendu de prendre une autre route, c'est-à-dire, de passer par le *Cap de bonne espérance*.

Je dis, *aux Iles Philippines*, & pas plus loin: comme il paroît par la proposition que les Directeurs de la Compagnie des *Indes Orientales* firent alors à Leurs Hautes Puissances les *Etats Généraux*, dans une Consultation rapportée par (*c*) AITZEMA. Voici ce qu'il dit. *Comme le Commerce dans les*

Indes

B 2

(*a*) Voiez encore ici *Solorzan*. Lib. II. Cap. 14. *num*. 17. 18.
(*b*) Voiez *Cellarius*, Geogr. nostr. temp. Cap. 23. *Solorzan*. Lib. I. Cap. VI. *num*. 74.
(*c*) Sur l'année 1645. p. 87. in 4to. & p. 44. in *folio*.

Indes Orientales & Occidentales étoit un des principaux points des Instructions des Ambaſſadeurs ; les Négocians de ces Compagnies préſentérent à Leurs Hautes Puiſſances le Mémoire ſuivant.

Mémoire des Négocians qui trafiquent dans les Indes Orientales.

BIEN QUE *les Négocians de la Compagnie des Indes Orientales croient qu'il eſt plus de leur intérêt de continuer la Guerre avec les Caſtillans dans les Indes Orientales, parce que, pendant la Paix même, ils ſont contraints d'être toujours ſous les armes & prêts à ſe défendre ; ils comptent néanmoins, que, ſi on fait la Paix ou une Trève, Leurs Hautes Puiſſances auront ſoin que les Caſtillans ſe tiendront à leur Navigation de la même maniere qu'ils l'ont exercée juſqu'ici, ſans qu'il leur ſoit permis de s'étendre plus loin. C'eſt ce que nous recommendons à la grande prudence de Leurs Hautes Puiſſances nos Seigneurs les Etats.*

Nous eſtimons cependant, avec ſoumiſſion, qu'il eſt d'une très-grande importance de bien conſiderer, que, s'il prenoit envie au Roi d'Eſpagne d'attaquer les Indes des Portugais, & d'y porter la Guerre ſous prétexte de les réduire à ſon obéiſſance, cela ne pourroit ſe faire ſans une grande inquiétude & un grand danger pour notre Compagnie des Indes Orientales, qui ſeroit par là expoſée à des allarmes continuelles, & en ſouffriroit un très-grand dommage. C'eſt pourquoi nous prenons la liberté de repréſenter très-humblement, qu'il eſt néceſſaire d'empêcher auſſi les Eſpagnols d'entrer dans les Indes Portugaiſes.

Les *Eſpagnols* trouvoient quelque choſe de fort dur & de très-injuſte dans cette condition, *de ne pas s'étendre plus loin ;* comme il paroît par les Réponſes des Ambaſſadeurs d'*Eſpagne*, qui ſe trouvent inſerées dans les Actes des Seigneurs Députez des *Provinces Unies*, du 7. de *Fevrier* M. DC. XLVII.

Qu'il eſt injuſte (diſoient, entr'autres choſes, ces Ambaſſadeurs) *de vouloir empêcher le Roi d'Eſpagne de faire aucun progrès dans le* Breſil, *ou dans les Indes Orientales, contre les* Portugais *qui lui ſont rebelles ; ou d'exercer dans les Indes la Navigation & le Commerce en d'autres lieux libres & indépendans, qui pourroient lui permettre d'y négocier.*

Cependant, après de longues & fréquentes délibérations, les Ambaſſadeurs du Roi d'*Eſpagne* y acquieſcérent, ſelon la formule ci-deſſus préſentée par les Députez des *Provinces Unies*. Bien des gens furent ſurpris de cette facilité des *Eſpagnols* ſur un tel article. Les Ambaſſadeurs de *France* ſur tout le témoignerent hautement, comme on peut le voir par leur Lettre au Roi Très-Chrétien,

dattée

datée du 11. *Décembre* M. DC. XLVI. qui se trouve dans les (1) MÉMOI-
RES & NÉGOCIATIONS *secrétes de la Cour de* France, *touchant la Paix
de* MUNSTER. *Une autre chose* (disent-ils là) *qui nous donne à penser, est le
relâchement des* Espagnols *sur le fait des* Indes, *qui est sans doute l'un des plus
considérables Articles de tout le Traité; auquel les* Hollandois *trouvent un a-
vantage qu'ils n'avoient pas esperé, & qui ne leur a pas été accordé sans quelque motif extraordinaire. Le Roi d'*Espagne *consent de ne pouvoir étendre ses
limites dans les* Indes Orientales, *& de les borner à ce qu'il occupe présentement.*

§ XII.

M AIS comme les Biens & les Maux ont souvent deux faces différentes, &
que, de ce qui paroît bon il en provient du mal, comme au contraire de ce
qui paroît mauvais il en résulte du bien: l'expérience a fait voir depuis, que la
convention, dont il s'agit, étoit très-sage, & qu'elle (2) tendoit à l'avantage
commun des deux Parties, & en même tems à l'intérêt de tout le Monde Chré-
tien. Il étoit nécessaire, qu'il y eût un entre-deux qui séparât l'*Orient* de l'*Occident*, comme dans le partage, dont nous avons déja parlé, que le Pape fit, à
ce qui paroît, en vuë d'empêcher que l'*Orient* & l'*Occident* ne fussent pas
trop unies, par rapport au commerce. En effet, s'il eût été permis
aux *Espagnols* d'aller vers l'*Orient* au de là du *Cap de bonne espérance*, ou
de s'étendre au delà des *Iles Philippines* plus loin vers l'*Occident*, ils auroient
pû aisément s'emparer de tout le Commerce des *Indes Orientales*, & le joindre
avec celui des *Indes Occidentales* : de sorte que ç'auroit été fait du Commerce de
tous les autres Peuples d'*Europe*, par rapport à ces Païs-là; les *Indes Orientales*

B 3

four-

XII.
Pour quelle raison
a été fait le partage
des Indes, selon le
susdit Article 5.

(1) Ces *Mémoires* ont été imprimez à *Amsterdam*, en 1710 *in folio*, & *in octavo*.

(2) Il se présente ici un exemple très-ancien, très-respectable, & très-connu. C'est celui de l'accord, que firent ensemble le Patriarche *Abraham*, & *Loth* son Neveu. Leurs
Troupeaux, qui faisoient leurs richesses, étoient devenus trop nombreux, pour trouver assez
de pâturages, ou autres choses dont ils pouvoient avoir besoin, dans les Contrées vacantes,
où ils se tenoient alors. Pour éviter les disputes, qui naissoient de là, ils conviennent de se
separer. *Abraham*, comme le plus sage, donne le choix à son Neveu : *Tout le païs n'est-il
pas devant toi? Eloigne-toi de moi, je te prie : si tu vas à droite, j'irai à gauche ; que si tu ai-
mes mieux aller à gauche, j'irai à droite.* GENÉSE, *Chap.* XIII. *vers.* 9. De telles Conventions ne sont pas moins nécessaires aujourd'hui, ou plûtôt elles le sont beaucoup plus, de la
maniere que les Hommes vivent, & dans l'état où sont les Sociétez Civiles. On ne peut
guéres plus se passer de bien des choses qui ne servent qu'à des commoditez superflues, ou au
plaisir, ou même au Luxe, que de celles *Queis humana sibi doleat natura negatis.* Et le
Commerce de ces sortes de choses est, ou en tout, ou en partie, le fondement de la subsistan-
ce de plusieurs Païs. De sorte que, sans les Traitez faits là-dessus, & leur exacte observa-
tion, rien n'est plus capable d'allumer & d'entretenir des Guerres sanglantes.

fourniſſant bien des choſes, qui manquent dans les *Indes Occidentales*, & cel-
les-ci au contraire fourniſſant de l'Argent, & d'autres choſes précieuſes, qui ſont ce
qu'on deſire le plus dans les *Indes Orientales*.

Par cette raiſon, de grands & ſages Perſonnages de ce tems-là établirent les *I-
les Philippines* comme une barriére, pour ſeparer *l'Orient* de *l'Occident*; &
d'autre côté, on laiſſa dans la même vue les *Moluques* aux *Provinces Unies* des
Païs-Bas: afin que les *Eſpagnols* ne pouſſaſſent pas plus loin, ſoit pour leur
Commerce, ſoit pour la Guerre, ou pour quelqu'autre ſujet que ce fût; &
qu'ils ne puſſent point négocier non ſeulement dans les Païs de la dépendance
des *Provinces-Unies*, mais encore dans les autres Païs *libres & indépendans*, *&
qui pouvoient permettre aux autres Nations de commercer avec eux*; comme
auſſi pas dans les *lieux appartenans aux Portugais*, qui alors étoient maîtres d'une
grande partie des *Indes Septentrionales*, tant au delà qu'en deçà du *Gange*. Tout
cela a été donc cedé & laiſſé aux *Provinces-Unies* par le Roi d'*Eſpagne*, par le 5.
Article du Traité de *Munſter*. Or un tel droit, ou une telle ceſſion de droit,
eſt regardée aujourd'hui comme une Propriété, quoiqu'on ne devienne pas pour
cela véritable Propriétaire des Mers; comme raiſonne SELDEN, dans ſon Traité
Du Domaine de la Mer. (1) Le *titre de Seigneur ou Maître* (dit-il) *ſe trouve
ſouvent dans les Diplomes des anciens Rois de Portugal: d'où vient que* JA-
QUES VADELSIUS *dit, qu'ils ſont & qu'on les reconnoît pour Maîtres & Seigneurs du Commerce, du Négoce, & de la Navigation. Or quand on avance,
que quelcun peut être maitre de la Navigation & du Commerce par Mer, ſans
être Maître de la Mer, ce n'eſt pas autre choſe que ſi l'on diſoit, que quelcun
peut avoir l'uſufruit d'une Terre, & empêcher légitimement les autres d'en
jouir, ſans en être néanmoins Propriétaire du Fonds.*

§ XIII.

(1) *Idem titulus* [Dominus] *ſæpiùs occurrit in Regum veterum Luſitaniæ diplomatis; unde
& Commerciorum, Negotiationis & Navigationis Dominos & Heros & eſſe & agnoſci
ſcribit* JACOBUS VALDESIUS. *Dominium vero quem eſſe poſſe Navigationis in Mari & Commer-
cii, abſque Maris dominio; non aliud eſt quàm agro uti frui, alios omnes jure arcere, nec tamen Dominum eſſe.* Mare Clauſ. Lib. I. Cap. XVII. *init.*

§ XIII.

AYANT donc ainsi résolu la prémiére question, qui regarde le sens des termes de l'Article 5. du Traité de *Munster*, par rapport aux *choses* dont il s'agissoit - là ; il reste à traiter en peu de mots des *Personnes* comprises dans la Convention. Ici tout se réduit à savoir, Si le Roi d'*Espagne* a obligé, par cet Article, tous ses Sujets, ou seulement une partie ? & en particulier, si les Habitans des *Païs-Bas Espagnols*, aujourd'hui *Autrichiens*, sont compris, ou non, dans cet engagement ? Nous soûtenons qu'ils y sont compris, & il faut nécessairement le reconnoître : Car, selon l'interprétation naturelle, un Roi qui fait un Traité ou une Convention, est censé l'avoir fait pour tous ses Sujets ; à moins qu'il n'en ait excepté quelques-uns. Et la chose est d'autant plus incontestable dans le cas dont il s'agit, que, dans l'Acte de Ratification, que le Roi d'*Espagne* fit délivrer, il s'engage non seulement comme Roi d'*Espagne*, *mais encore comme Duc de Brabant, & Comte de Flandre*, & comme tel, *il oblige expressément tous ses Sujets & Vassaux, de tous ses Roiaumes, Domaines & Etats, sans exception quelconque.*

On objectera peut-être, que, dans l'Article 5. de la Paix de *Munster* on ne nomme pas tous les Sujets du Roi d'*Espagne*, puis que, par rapport aux *Indes Orientales*, il n'est fait mention que des *Espagnols* & des *Castillans* : au lieu que, dans l'Article 6. où il s'agit des *Indes Occidentales*, on parle de *tous les Sujets des Roiaumes & Provinces du Seigneur Roi & des Seigneurs Etats des Provinces Unies.* On demandera, d'où vient cette différence ? Je réponds, qu'elle semble venir des différens termes dont les Directeurs des Compagnies des *Indes Orientales* & *Occidentales* se servirent dans les Memoires qu'ils donnérent en M. DC. XLV. sur les affaires des *Indes*, à la réquisition de Leurs Hautes Puissances Car les Directeurs de la Compagnie des *Indes Orientales* se servent par tout, dans leur Memoire, des mots de *Castillans ou Espagnols* : & les Directeurs de la Compagnie des *Indes Occidentales* parlent indifféremment des *Sujets du Roi d'Espagne, ou du Roi de Castille*, & des *Castillans*. Cela paroît par le Memoire de la Compagnie des *Indes Orientales*, que nous avons cité ci-dessus (1), après AITZEMA. Et voici les paroles du 6. Article du Memoire des Directeurs de la Compagnie des *Indes Occidentales*, tirées du même Auteur (2), qui prouvent la même chose.

Les Sujets d'Espagne ne pourront naviger ou négocier dans aucuns Ports, ni dans aucuns lieux, où la Compagnie des Indes Occidentales *a quelque Château, quelque Fort, quelque Territoire, ou quelque Maison d'entrepôt pour son Commerce, &c.*

(1) Pag. 11 ci-dessus.
(2) Pag. 89. in 4to. & p. 45. in folio.

Et ailleurs : *pag.* 106. in 4°. & p. 52. in *folio.*

Il ne sera pas permis aux Sujets *du susdit Roi de* Castille, *de commercer en aucune manière, ou de naviger, dans les Ports où la Compagnie des* Indes Occidentales, *au nom de Leurs Hautes Puissances, a quelques Châteaux, quelques Forts, quelques Maisons d'entrepôt, ou quelque territoire ; à moins que les Castillans n'accordent réciproquement à la même Compagnie un semblable Commerce dans tous les Païs & Lieux qui appartiennent au susdit* Roi de Castille.

Comme les Ambassadeurs & les Auteurs du Traité de *Munster* ont presque suivi, dans les Articles 5. & 6. les termes des Memoires, dont je viens de rapporter les extraits, & que ces termes étoient alors regardez comme synonymes & équivalens, il paroit que cette différence d'expressions y est glissée par hazard, plûtôt qu'avoir été employée à dessein. Car, si on les explique autrement, & qu'on suive à la rigueur le sens géographique, on ne sauroit en trouver ici aucun, qui fasse connoître quelles personnes sont engagées par la convention, ou jusqu'où chacune des Parties est engagée. Les mots, *Sujets du Roi*, ont plus d'étenduë que celui d'*Espagnols* : Le mot *Espagnols* est aussi plus général, que celui de *Castillans* ; puisque la *Castille* proprement dite, soit qu'on entende l'ancienne ou la nouvelle, renferme à peine autant de Villes, qu'il y a de Roiaumes en *Espagne*. Aussi voit-on, dans (a) Aitzema, que le Roi d'*Espagne*, qui, avant la Paix de *Munster*, s'appelloit *Roi de Castille*, prit le titre de *Roi des Espagnes*, au tems de ce Traité.

De plus, si l'on suppose, que le Roi d'*Espagne* a prétendu obliger seulement *quelques uns* de ses Sujets, & non pas *tous* ; quel avantage en auroient les *Provinces Unies* ? ou comment le sens du Traité seroit-il rempli, si le Roi se servoit, par exemple, des *Aragonnois*, qui n'avoient aucun droit de négocier dans les *Indes* ; ou des *Brabançons*, à qui cela étoit défendu expressément, pour faire par leur moien ce qu'il ne lui étoit pas permis de faire par les *Espagnols*, ou les *Castillans* ? Ou qu'en profiteroit le Roi d'*Espagne*, si Leurs Hautes Puissances permettoient à ceux de leurs Sujets qui sont hors des *Provinces Unies*, (b) & qui n'en font point partie, de faire, à l'égard des *Indes Espagnoles*, ce qui est défendu aux Habitans des Sept Provinces ?

Véritable explication dudit Article

Tout Acte doit être expliquée de manière qu'il ait quelque effet, & non pas en sorte qu'il n'aboutisse à rien. Que si par hazard on ne s'est pas exprimé assez distinctement, il faut voir, dans un doute, ce qui est le plus vraisemblable, ce qui n'est sujet à aucune absurdité, & ce qui est le plus convenable à la nature de l'af-

(a) *Pag.* 104. in 4to. & p. 52. in folio.
(b) *In het District van de Generaliteit,* Dans le District de la Généralité, comme on parle.

l'affaire dont il s'agit. Ce sont des (1) maximes du Droit Civil. Ecoutons là-dessus l'illustre GROTIUS: (2) EN matière de Promesses, il faut toujours, dit CICÉRON, (3) avoir égard à l'intention, plûtôt qu'aux paroles. *Mais, comme les actes internes, ou les mouvemens de l'Ame, ne sont pas de nature à se faire connoître par eux-mêmes, & que cependant il faut de toute nécessité établir quelque régle fixe pour en juger; autrement chacun pourroit se dégager d'une obligation, en feignant d'avoir eu dans l'esprit tout ce que bon lui sembleroit: la Raison, ou la Loi même de Nature, veut que celui à qui l'on a permis quelque chose, ait droit de contraindre le Promettant à effectuer ce que demande une droite Interprétation des paroles dont il s'est servi. Car, sans cela, l'affaire n'aboutiroit à rien; ce qui est regardé comme impossible, en fait de choses morales.*

Ici donc on a traité avec la Partie principale, c'est-à-dire, avec les *Espagnols*, qui avoient droit de négocier dans les *Indes*, en sorte que l'autre Partie, qui n'avoit pas le même droit, est comprise dans la Convention. Cela se prouve par un *argument du plus au moins*, qui, comme le remarque (4) EVERHARD, *est une preuve forte, d'un usage fréquent, & d'une grande utilité. Cet argument,* ajoute-t-il, *conclut toûjours négativement, ou destructivement. Par exemple: s'il n'est pas permis à un Roi d'attaquer un Fort, il ne l'est pas non plus à aucun de ses Officiers de Guerre. Car ce qui n'est pas permis au Supérieur, ne peut être permis à l'Inférieur.* La chose est d'autant plus aisée à prouver, si l'on considère, que tous les Traitez faits avec un Prince, sont (5) des actes de bonne foi, dans lesquels il arrive souvent qu'on n'exprime pas tout a-

C

vec

(1) *Quoties in actionibus, aut in exceptionibus, ambigua oratio est: commodissimum est id accipi, quo res, de qua agitur, magis valeat, quàm pereat.* DIGEST. De Reb. Dubiis, *Leg.* 12. *In obscuris inspici solet, quod verisimilius est, aut quod plerumque fieri solet.* De Regul. Jur. *Leg.* 114. *In ambiguâ voce Legis, ea potius accipienda est significatio, quæ vitio caret* &c. De Legib. *Leg.* 19.

(2) *De Jure Bell. & Pac.* Lib. II. Cap. XVI. § 1.

(3) *Semper autem in fide, quid senseris, non quid dixeris cogitandum.* De Offic. l. 13

(4) *A quo [Loco à majori] sumtum argumentatio est forte, frequens & utile. Et firmatur destructivè, seu negativè tantum, hoc modo.... Si Rex non potest expugnare Castrum, ergo nec Miles. Quod enim non licet majori, non licet minori.* Loc. à Majori, pag. m. 118. Il est à noter, que ce Jurisconsulte étoit Président du Grand Conseil de Malines.

(5) C'est ce que soûtiennent le Cardinal MANTICA, *De tacit. & ambig. Convent.* Lib. I. Tit. IX. *num.* 45, *& seq.* RICHARD ZOUCH, *Jur. & Judic. Feud.* Part. II. Sect. IV. *num.* 30. & autres Auteurs allegués par ceux-ci. Mais il n'est guéres besoin ici d'autoritez; puis que, comme les plus judicieux Jurisconsultes en conviennent, la distinction des *Actes de bonne foi,* & des *Actes de droit rigoureux,* est une pure subtilité du Droit Romain, qui avoit son rapport principalement aux bornes du pouvoir des *Juges* donnez par le *Préteur.*

vec tant d'exactitude, qu'il n'y ait quelque engagement qui soit de la nature même de la chose, quoi qu'on ne le trouve pas renfermé dans la signification des termes. (a) C'est ce que reconnoît un ancien Jurisconsulte: (1) *En matière*, dit-il, *de jugemens de bonne foi, l'office du* (b) *Juge a autant de force, qu'une demande expresse faite dans une Stipulation.* Puis donc que, dans nôtre affaire, on propose deux explications, l'une inventée tout nouvellement; l'autre ancienne, & confirmée par l'usage & les exemples d'un grand nombre d'années: l'une, qui rend le (2) Contract nul; l'autre, qui lui fait avoir son effet: personne, à ce que je crois, ne doutera, qu'il ne faille préférer l'ancienne, comme exempte, de tout défaut, & plus convenable à la nature de l'affaire dont il s'agissoit.

§ X I V.

XIV.
On remarque, en passant, qu'un Prince peut, par les Conventions qu'il a passées, obliger ses Sujets, pour lui & pour ses Successeurs.

Il se présente ici une autre question, mais sur laquelle il semble qu'il ne doive point y avoir de dispute. C'est, si le Prince a eu le pouvoir d'obliger ses Sujets, par la Convention dont nous traitons. Il l'a pû sans doute: & Gronovius (3) reconnoît, qu'en ce cas-là *c'est comme si les Sujets avoient eux-mêmes contracté en leur propre nom.* Ce Jurisconsulte ajoûte, que cela a lieu, *encore même que la forme du Gouvernement ait été changée depuis; comme si l'Etat est devenu Aristocratique ou Démocratique, de Monarchique qu'il étoit.* Il soûtient aussi, que non seulement les Sujets, mais encore les Successeurs & Héritiers d'un Prince, entrent dans la même obligation. (4) *Comme la Paix*, dit-

(a) Voyez *Elbert. Leonin.* Consil. XXV. *num.* 6.

(1) *Quia tantumdem in bonæ fidei judiciis officium Judicis valet, quantum in stipulationibus nominatim ejus rei facta interrogatio.* Digest. de Neg. gest. L. 7.

(b) C'est-à-dire, entant qu'il suplée à ce qui n'est pas renfermé dans les termes de la Convention.

(2) On peut voir là-dessus un Jurisconsulte Italien, Jacques Menochius, *De Præsumptionibus*, Lib. VI. Præsumt. IV. où il tire de cet inconvénient de la nullité d'un Acte grand nombre de conséquences, même par rapport à ce que font les Princes. Voyez aussi le Cardinal Mantica, *De tac. & ambiguis Convention.* Lib. I. Tit. XVII. *num.* 31.

(3) *Quin etiam Gens ipsa, cujus nomine conventum est, quasi ipsamet contraxisset, ad pacta Fœderis observanda tenetur, etiam mutato Reipublicæ statu; puta, si ex Monarchia versus sit in Aristocratiam, vel Democratiam.* De Jure Pacis. Cap. XII.

(4) *Et hæc quidem optima ratione, quod Pax sit conventio publica, id est, ad statum Reipublicæ spectans; quam ideirco Princeps non tam proprio, quam Reipublicæ, quæ perpetua est, nomine, contraxisse intelligitur. Sicut ergo Prælata ratione dignitatis contrahente, Ecclesia ipsa, omnesque in ea dignitate Successores tenentur: sicut etiam contrahentem Tutorem, dum nomine tutoria contraxit, Curator in administratione succedens, nec non Pupillus ipse major factus, observare reguntur: ita Successores Principis conventionem publico nomine initam: non solum si sit Regnum, seu Principatus, qui jure hereditario defertur (quo casu quam Successor Principatum*

cipatum

dit-il, est une Convention Publique, c'est-à-dire, qui regarde l'Etat. le Prince est censé l'avoir faite, non pas tant en son propre nom, qu'au nom de l'Etat, qui subsiste toujours. Comme donc, lors qu'un Prélat contracte, entant que tel, l'Eglise même, & tous ceux qui succèdent à sa Dignité, sont obligez de tenir ce qu'il a promis; ou comme le Contract d'un Tuteur, fait par lui en qualité de Tuteur, doit être tenu par le Curateur qui lui succède dans l'administration des biens du Pupille, & par le Pupille lui même, lors qu'il est devenu Majeur: de même, les Successeurs d'un Prince sont obligez d'observer un Traité qu'il a fait au nom du Public. Et cela est vrai, non seulement dans les Royaumes ou Principautez Héréditaires (auquel cas le Successeur tenant du Défunt même la Principauté, il y a moins lieu de douter qu'il ne doive, comme tout autre Héritier, ratifier & tenir tout ce que a fait le Défunt) mais encore lors qu'il s'agit d'une Principauté à laquelle on succède d'une autre manière, & sous certaines conditions, telle qu'est la Loi Salique dans le Royaume de France. *L'application des principes, qu'établit cet Auteur, est d'autant plus incontestable dans le cas dont il s'agit, que le Roi d'*Espagne, *par l'Acte de Ratification de la Paix de* Munster, *a expressément obligé, avec tous ses Sujets, tous les Héritiers & Successeurs, tant Universels, que Particuliers.*

§ XV.

IL EST clair d'ailleurs, que Sa Majesté Impériale a obtenu à titre héréditaire les Roïaumes & Domaines qu'elle a reçus de la Couronne d'*Espagne*, & cela non seulement pour son avantage particulier, mais encore pour l'intérêt & l'avantage commun des Puissances Alliées; comme cela paroît par les conditions de la Grande Alliance conclue à *la Haie*, le 7. de *Septembre* M. DCC. I. entre l'Empereur Leopold de glorieuse mémoire, le Roi de la *Grande Brétagne*, & Leurs Hautes Puissances les Etats Généraux des *Provinces Unies*. Car voici ce qu'on trouve au commencement du Traité. *D'autant que le Roi d'Espagne*, Charles II. *de glorieuse mémoire, étant depuis peu décédé sans enfans, Sa Majesté Imperiale auroit prétendu que la Succession aux Roïaumes & Provinces du Roi défunt étoit légitimement dûe à son Auguste Maison &c.* Et peu après: *En sorte que, si on n'y remédie, il y a grande apparence que Sa*

C 2

Majesté

patrem à defuncto acquirat, nullum dubitandi est, eum, exemplo cæterarum Hæredum, omnia facta defuncti præstare, rataque habere debere) verum etiam si Principatus sit, in quem alio modo, & certa lege, succeditur: uti Regnum Franciæ *Lege Salica.* Ibid. pag. 66. Ce Pierre Gudelin étoit Professeur à *Louvain*. On pourroit alleguer bien d'autres semblables autoritez. Il y a même des Jurisconsultes Modernes, qui soûtiennent, avec raison, que tout Contract qu'un Roi fait avec d'autres Puissances, doit être censé réel dans un doute, & par conséquent, obliger même alors ses Successeurs; à moins qu'il ne s'agisse de choses dont le Roi ne peut point disposer.

Majesté Impériale doit renoncer à toute espérance d'avoir jamais satisfaction sur ses prétensions; que le Saint Empire Romain perdra ses droits sur les Fiefs qui sont en Italie, & dans les Païs-Bas Espagnols; que les Anglois, & les Provinces-Unies, seront entièrement privez du libre usage de la Navigation & du Commerce dans la Mer Méditerranée, dans les Indes, & ailleurs.

§ XVI.

Ce qu'enfin il est dans tous les engagemens où étoit le dernier Roi d'Espagne.

De là il s'ensuit, que Sa Majesté Impériale, comme Héritier, est obligée de tenir tous les engagemens du dernier Roi défunt, & qu'en particulier, à l'égard des *Provinces Unies*, Elle doit pourvoir à ce que, dans les Païs, dont Elle a été mise en possession, *les Privilèges des Compagnies des* Indes Orientales *& Occidentales soient maintenus en leur entier; ne point permettre, que ses Sujets fassent rien qui y contrevienne en aucune manière, & si l'on a fait ou tenté quelque chose de semblable, y remédier incessamment.* C'est à quoi Elle est tenuë, par l'Article 5. de la Paix de *Munster*, & par l'Acte de Ratification du même Traité.

Ce qu'on prouve encore par d'autres Traitez.

Il s'ensuit encore, que, selon les clauses & conditions stipulées par les Alliez, pour l'aquisition de cette Hérédité, Sa Majesté Impériale doit, entant qu'en Elle est, faire en sorte, *que les Sujets du Roi de la* Grande-Bretagne *& des* Provinces Unies *jouissent, dans tous les Païs & Lieux que le dernier Roi d'Espagne a possedez, tant en* Europe *qu'ailleurs, de tous les Privilèges, Droits, Franchises, & Libertez du Commerce, dont les Sujets des deux Etats, ou de chacun, pouvoient jouir avant la mort dudit Roi, en vertu du droit qui leur étoit aquis par des Traitez, par des Conventions, par des Coûtumes, ou à quelque autre titre que ce fût.* (a) Et empêcher par conséquent (b) qu'ils ne perdent entièrement leur Commerce dans les Indes, & ailleurs.

L'Art. 26 du Traité de Barriere appliqué.

Mais Elle est encore obligée par le *Traité de Barrière*, (c) *de travailler à faire ensorte, que le Commerce, & tout ce qui en dépend, soit maintenu, en tout & en partie, entre les Sujets des Païs-Bas, & ceux des Provinces-Unies, sur le pié & de la même manière qu'il a été maintenu & établi par les Articles du Traité de* Munster: puis que *ces Articles sont confirmez par Sa Majesté Impériale dans le même Article du Traité de Barrière.* Si l'on dit, que, dans cet Article, il s'agit seulement du Commerce entre les Habitans des *Païs-Bas Espagnols*, & ceux des *Provinces Unies*, & qu'il n'y est fait aucune mention du Commerce dans les *Indes*: nous répondons, qu'il y a tout lieu de présumer qu'on a voulu parler de toute sorte de Commerce, parce qu'on s'y rapporte à tous les Articles du Traité de Munster, qui sont ici confirmez par Sa Majesté Impériale généralement

(a) Voyez l'Article VIII. de la *Grande Alliance.*
(b) Selon le commencement du même Traité.
(c) Artic. 26.

ralement & fans exception. Telle est la nature des choses dont l'une se rapporte à l'autre, que celle-ci renferme toûjours la première avec toutes ses qualitez; & ainsi doit être interprétée non par elle-même, mais par la nature & les qualitez renfermées dans l'autre chose à quoi elle se rapporte: c'est une régle, que Barbeyrac (1) établit au long. Ajoûtez encore ici, que, dans le prémier Article du *Traité de Barrière*, on a stipulé, pour plus grande précaution, *Que Sa Majesté Impériale auroit les Provinces des Pais-Bas Espagnols, & en joüiroit, de la même maniere que le dernier Roi d'Espagne les a eûs & en a joüi, ou a dû en joüir, selon le dernier Traité de* Riswic.

Le sens du mot Flamand *Genieten*, ou du François *Joüir*, pourra être plus commodément expliqué par celui de *Posseder, être maistre*; puis qu'ils regardent proprement l'état de la Possession, & non pas le droit d'Usufruit. Or toute Possession est de fait: &, en matiere de Possession, on n'examine pas ce qui doit avoir lieu selon le Droit, mais comment étoit la Possession, au jour qu'on en a traité & convenu: cela est ainsi décidé par les (2) Loix Civiles. Et, au fond, si Sa Majesté Impériale pouvoit posseder les *Pais-Bas* d'une autre maniere qu'ils ne l'ont été par les *Espagnols*, il s'ensuivroit de là une grande absurdité, c'est que, par une seule & même Convention, l'une des Parties demeureroit obligée, & l'autre seroit quitte de toute obligation: puis que, sur ce pié-là, les Sujets des Pais échûs à Sa Majesté Impériale pourroient aller dans les Isles qui nous appartiennent, au lieu que nous, en prenant les termes à la rigueur, nous devrions ne point aller dans celles des *Espagnols*. Or qui ne voit que cela est incompatible avec la nature de tout Contract?

Concluons, que les régles d'une droite Interprétation, la Bonne Foi, le Sens Commun, & en un mot, tout ce qui peut donner ici quelque lumiere, concourt à dicter clairement, que le but & l'intention de toute la Convention, dont il s'agit, & de tous les Traitez précedens, faits tant pour la Paix, que pour la Guerre, a été, que dans l'aquisition des Pais que Sa Majesté Impériale devoit aquérir & a aquis avec le secours des Alliez, il ne fût fait aucune innovation, qui préjudiciât à leur *Commerce en* Europe, *& ailleurs*, sur tout dans les *Indes*, puis que la Navigation & le Commerce dans les *Indes*, & en général tout le Négoce qui se fait hors de l'*Europe*, est le principal article, non seulement de la Paix de *Munster*, mais encore de la *Grande Alliance*; comme il paroit de reste par tout ce qui a été dit ci dessus. Il est contre toutes les Régles du Droit & de l'Equité, de donner à une Convention faite pour l'avantage d'une des Parties, une interprétation rigoureuse, qui tende au dommage & à la perte de l'autre Partie, dont on a reçû un service aussi considérable, que celui que les Alliez ont rendu à Sa

C 3

Ma-

(1) *Hæc enim semper est natura referentis, ut relatum in eo insit, cum omnibus suis qualitatibus, adeoque referens interpretationem non accipiat à se ipso, sed ex natura & contentis in relato.* Loc. Commun. Lib. XVI. Cap. 33. num. 18. & per totum.
(2) Voiez L. 2. D. Uti possidetis: L. 1. D. De Rebus; & les Docteurs sur L. 1. D. De Adquir. Possess.

Majesté Impériale, en recouvrant par leurs armes, & à leurs dépends, les *Provinces des Païs-Bas Autrichiens*, & les lui rendant.

§ XVII.

Si l'on demande, quels moïens peut employer la Compagnie Privilégiée des *Provinces-Unies*, pour se maintenir dans la jouïssance de son droit. Sauf meilleur avis, nous répondons, avec tout le respect dû aux intéressez, qu'il est permis à la dite Compagnie, si ceux des *Païs-Bas Autrichiens* continuent à empieter sur ses limites, de prendre leurs Vaisseaux; & au cas qu'on se défende, ou qu'on ne puisse pas en venir autrement à bout, de confisquer les Vaisseaux avec leur charge. La justice de ce procedé se prouve, non seulement par les Loix, & les Exemples des autres Nations, que l'on peut voir dans (a) SELDEN, dans (b) SOLORZANUS, & dans le (c) CODE: mais encore par les clauses mêmes des Traitez, & par la teneur de nos Privilèges. Dans l'Article 14. de ces Privilèges, il est dit expressément, *Que personne, de quelque qualité & condition qu'il soit, n'entreprenne de naviguer au de la du Cap de bonne esperance, ou d'aller par le* Détroit de Magellan, *aux* Indes Orientales, *sur peine de confiscation des Vaisseaux, & de toutes les Marchandises.* Nous croïons que cela regarde aussi bien les Habitans des *Païs-Bas Autrichiens*, que les Sujets des *Provinces-Unies*; parce que la Compagnie des *Provinces-Unies* tient ses droits d'une Convention & d'un Privilége, accordés & par le Roi d'*Espagne*, & par Leurs Hautes Puissances entant que ce Prince lui a cedé, par un Traité, la Navigation & le Commerce des *Indes Orientales* dans les limites susdites, promettant de la maintenir dans la jouïssance des Privilèges donnez ou à donner sur ce sujet. Elle peut donc, en vertu d'une Convention & d'une concession faite à elle pour son avantage particulier, maintenir son droit par les voies de la force; puis que, dans les affaires même de simples Particuliers le Droit Civil fournit un semblable moïen: (1) *Si quelcun*, disent les Jurisconsultes, *a un droit propre & particulier sur la Mer, il est reçu à demander un Arrêt du Preteur pour la maintenuë, au cas qu'on l'empêche d'exercer son droit, parce que c'est alors une affaire de Particulier à Particulier.* Du reste, pour les affaires qui regardent le Public, ou l'Etat, nous estimons qu'on doit se régler sur les Loix, les Coûtumes, & les Exemples alleguez ci-dessus.

VOILA', en peu de mots, de quoi résoudre suffisamment la question que nous nous sommes proposez d'examiner dans cette Dissertation.

[a] *Mare Claus.* Lib. II. Cap. 17.   [b] *Lib.* II. Cap. 25. num. 80.   [c] *L.* 4. C. *De Commerc. & Mercat.*

[1] *Sane si Maris proprium jus ad aliquem pertineat, Uti possidetis Interdictum et competit, si prohibeatur jus suum exercere: quoniam ad privatam jam caussam pertinet, non ad publicam, hac res &c.* DIGEST. *De Injuriis &c.* Leg. 14.

F I N.

XVIII. Que la Compagnie des Provinces-Unies peut, en cas de nécessité, maintenir son droit par les voies de fait.

DISSERTATION,

Où l'on prouve le Droit exclusif

DE LA COMPAGNIE ORIENTALE
DES PROVINCES-UNIES,

au Commerce & à la Navigation des

INDES ORIENTALES:

Contre les Pretensions des Habitans

DES PAIS-BAS ESPAGNOLS
ou AUTRICHIENS.

Traduite du Latin.

A LA HAYE,
Chez T. JOHNSON.
M. DCC. XXIV.